New sauce

Naoya Higuchi

樋口直哉のあたらしいソース

———— いつもの料理が劇的においしくなる ————

Introduction

はじめに

料理を始めたばかりの頃、先輩が作るソースに憧れ
ました。料理の最後にスプーンでソースをかけると、
魔法のように皿が輝き出すのです。

そんな経験があったからか僕自身、あたらしい料理
を考えるときはソースから決めることも多いです。
ソースの本というとプロ向けの難しいレシピ集を想
像されるかもしれません。でも、ソースはとても身
近なもの。お刺身は塩でもおいしく食べられますが、
塩味と旨味、かすかな酸味を持つ醤油（Soy Sauce）
を少し垂らすと味がぐっと膨らみますよね！？

ソースの役割は主素材を引き立て、ワンランク上の
味にすること。ソースがあれば、普通の食材が上質
の味に仕上がります。いまでもソースを作る度にこ
う思います。まるで魔法みたいだ、と。

樋口直哉

Contents

Chapter 1

火を入れるソース

Chapter 2

混ぜるだけのソース

Chapter 3

野菜のピュレソース

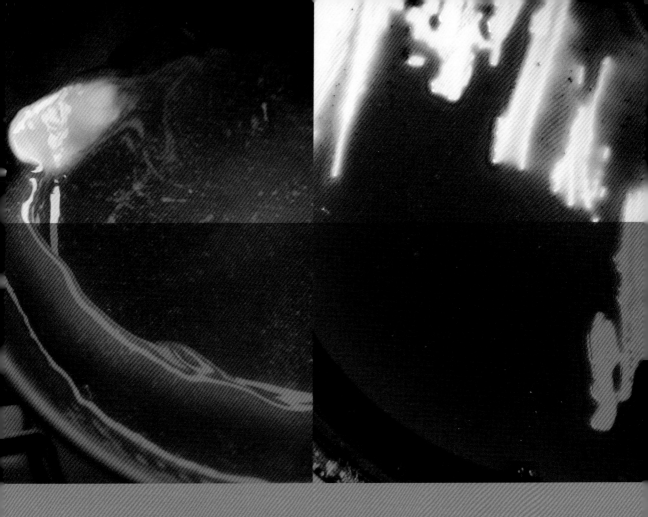

● 小さじ1は5ml、大さじ1は15mlです。
● ごく少量の調味料の分量は「少々」で親指と人差
　し指でつまんだ分量、「ひとつまみ」は親指と人差
　し指、中指でつまんだ分量になります。
●「適量」はちょうどよい分量、「適宜」は好みで入
　れなくてもよいということです。
● オーブンは機種によって差があります。表記して
　いる時間を目安にして、様子を見ながら加減して
　ください。

変わらない
ソースの役割

・食材を引き立てる。

・食材同士を繋ぐ。

・料理全体の味のバランスを調える。

味のバランスの考え方

例えば甘味を持っているにんじんは、
ビネグレットソースの酸味、塩味、油脂で
味のバランスを調える。
もっとおいしく作るなら、
醤油とはちみつで旨味と甘味を加えると
シンプルなグリーンサラダもさらにおいしく味わえる。

キャロットラペ

材料 (2人分)
【基本のドレッシング (作りやすい分量)】
　ワインビネガー　大さじ1
　オリーブオイル　大さじ3
　ディジョンマスタード　小さじ½
　塩　小さじ¼
にんじん　1本
パセリのみじん切り　適量

1 基本のドレッシングの材料をボウルに入れ、よく混ぜる。
2 にんじんはせん切り用スライサーまたは包丁でせん切りにする。
3 2、パセリのみじん切り、基本のドレッシング大さじ3を合わせて混ぜる。

グリーンサラダ

材料 (2人分)
【醤油はちみつドレッシング (作りやすい分量)】
　ワインビネガー　大さじ1
　オリーブオイル　大さじ2
　ディジョンマスタード　小さじ½
　塩　ひとつまみ
　薄口醤油　大さじ1
　はちみつ　小さじ1
好みの葉野菜 (グリーンカール、レタス、
　トレビス、ベビーリーフなど)　適量

1 醤油はちみつドレッシングの材料をボウルに入れ、よく混ぜる。
2 洗って水気をよくきった葉野菜と醤油はちみつドレッシング適量を合わせて混ぜる。

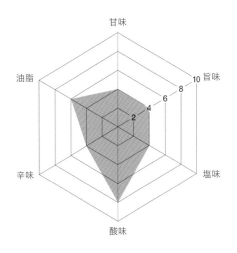

あたらしい
ソースの特徴

・油脂は控えめ。
・短時間で作ることで香りを残し、
　主素材の味を生かす軽い味わい。

「あたらしい」ドミグラスソース

「いままでの」ドミグラスソース

「いままでの」「あたらしい」デミグラスソースを比較する

「いままでの」と「あたらしい」ドミグラスソースの
レシピを考えてみました。
昔のソースはホワイトソースに代表されるように
小麦粉とバターを使った重厚な味。
おいしい反面、素材の個性を
覆い隠してしまうことも。
あたらしいソースは小麦粉を使わず、
油脂も控えめの軽い味わいで
素材のよさを生かします。

「いままでの」ドミグラスソース

材料 (2人分)
ポートワイン (ルビー)　50ml
バター　10g
小麦粉　10g
トマトペースト　大さじ1
フォン・ド・ヴォー (市販の缶詰)　200ml
塩　適量

1 厚手の鍋にバターを入れ、中火にかける。バター
　が溶けたら小麦粉をふり入れ、ヘラで混ぜなが
　ら茶色く色づくまでよく炒める (これをブラウ
　ンルーという)。
2 トマトペーストを加えてさらに炒め、ダマにな
　らないようにポートワインを少しずつ加える。
3 フォン・ド・ヴォーを加えて溶き混ぜ、半量程
　度になるまで煮詰たら塩で味を調える。

「あたらしい」ドミグラスソース

材料 (2人分)
ポートワイン (ルビー)　50ml
フォン・ド・ヴォー (市販の缶詰)　200ml
コーンスターチ (または葛粉)　小さじ1
塩　適量

1 鍋にポートワインを入れ、中火にかける。
2 半量程度になるまで煮詰めたら、フォン・ド・
　ヴォーを加え、さらに半量になるまで煮詰める。
3 弱火にし、コーンスターチを同量の水 (分量外)
　で溶き、少しずつ2に加える。ヘラで鍋底に線が
　引ける程度に濃度を調整し、塩で味を調える。

Chapter 1

火を入れるソース

ソースは時代とともに進化してきました。例えば昔は輸送によって劣化した食材の質を補うために、小麦粉とバターをたっぷり使ったソースが主流でした。

時代が下り、1970年代に入ると小麦粉とバターを使わず、フォン・ド・ヴォー（仔牛のだし汁）を使ったソースが主流になります。食材の質がよくなったからです。

ただ、フォン・ド・ヴォーは準備に手間と時間がかかります。そもそも仔牛の骨を使うのは、味が淡白でゼラチン質が豊富だから。であれば科学的に考えると、市販されている粉ゼラチンで充分です。長時間の加熱によって生まれるメイラード反応の風味は醤油で補い、旨味が必要であれば、顆粒鶏ガラスープを加えます。こうして生まれたのが、今回ご紹介するあたらしいソースです。

赤ワインソース

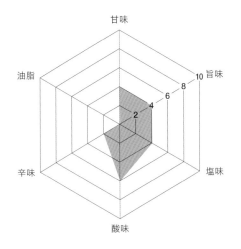

甘味
旨味
油脂
塩味
辛味
酸味

最小限の分量で作れる赤ワインソースです。牛肉や椎茸のステーキ、魚のポワレに添えていますが、基本的に焼き色をつけた料理と合います。ソース自体に油脂を加えていないので、国産牛や和牛といった脂肪が多い肉にかけてもよいでしょう。アレンジのベリーを加えたソースは家禽類との相性もよいので、鴨むね肉のソテー（→ p.20）に添えるのもおすすめです。椎茸のステーキに添えたごぼうはじゃがいもや菊芋のチップスに替えても。

材料 (2人分)
赤ワイン　200ml
はちみつ　大さじ1
粉ゼラチン（水戻し不要のもの）　5g
醤油　小さじ½
顆粒鶏ガラスープ　小さじ¼
コーンスターチ（または葛粉）　小さじ1
黒胡椒　適量

1 赤ワイン、はちみつ、粉ゼラチン、醤油、顆粒鶏ガラスープを小鍋に入れ、中火にかける。そのまま1/3量になるまで5分ほど煮詰める（A）。

2 弱火にし、コーンスターチを同量の水（分量外）で溶き、1に少しずつ加える（B）。ヘラで鍋底に線が引ける程度に濃度を調整し（C）、黒胡椒を加える。

Tips
○ 赤ワインは安価のものでかまわないが、
　ミディアム～フルボディのボルドータイプがおすすめ。
○ 魚料理にかける際は、少しゆるめにとろみをつけるほうがよい。
○ 赤身肉や野菜など、油脂が少ない食材と合わせる場合は
　コクを出すため、冷たいバター 10g を加えて
　弱火で鍋を揺すりながら乳化させる。

アレンジとして

" 赤ワインベリーソース "

仕上げに冷凍ミックスベリー（ブルーベリー、ラズベリー、ストロベリー、ブラックベリーなど）40g を加える。

ビーフステーキ
× 赤ワインソース
recipe → p.018

椎茸ステーキ
× 赤ワインソース
recipe ⇒ p.018

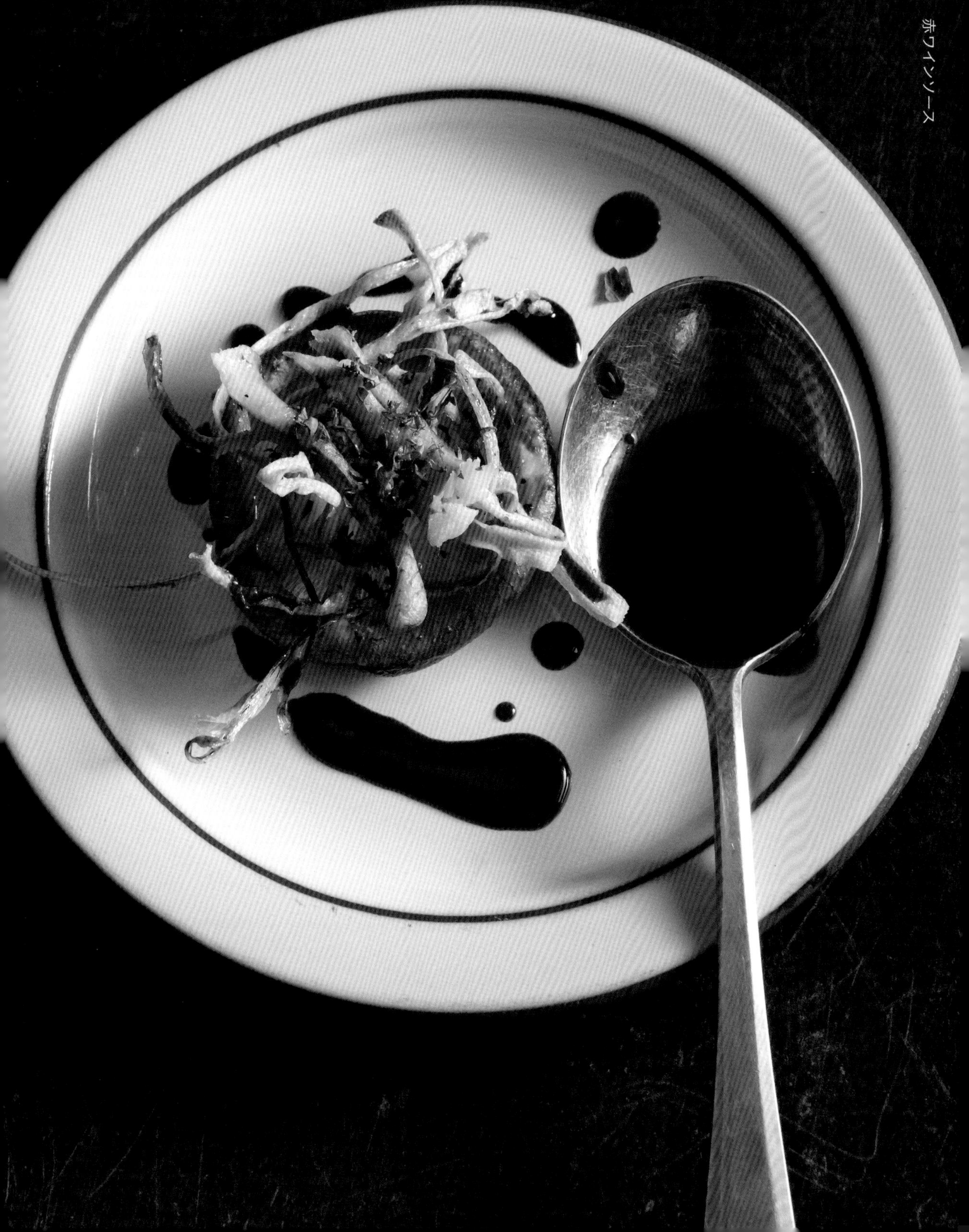

ビーフステーキ

✕ 赤ワインソース

材料（2人分）

牛赤身肉（ステーキ用）　2枚（1枚150g・厚さ2.5cm）
オリーブオイル　大さじ2
バター　10g
塩　適量
ポテトフライ、バター蒸し野菜
　（かぶ、さやいんげん、にんじん）　適量（→ p.110）
赤ワインソース　全量（→ p.015）

1　フライパンを強火にかけ、オリーブオイル大さじ1を引く。1分ほ
　ど予熱し、冷蔵庫から出したての牛肉を入れる。

2　30秒ごとに裏返しながら計4分30秒焼く（A）。3分経った段階で
　一度油をふき（B）、新しいオリーブオイル大さじ1を足す（C）。

3　バットに取り出し（D）、コンロ近くの温かい場所に置き、4分ほど
　休ませる。出てきた肉汁は赤ワインソースに加える。

4　同じフライパンにバターを入れ、中火にかける。バターが泡立ち、
　焦げ色がついてきたら3の牛肉を戻し入れる（E）。15秒ずつ両面
　を焼き、取り出して塩をふる。

5　ポテトフライとバター蒸し野菜を皿に盛りつけ、ステーキをのせ
　て赤ワインソースをかける。

Tips
○ 一度フライパンをふき、油を足すことでフライパンの温度が下がり、肉の中心ま
　で火が入る。

椎茸ステーキ

✕ 赤ワインソース

材料（2人分）

椎茸　4枚
ごぼう　20cm
パセリのみじん切り　適量
塩　適量
オリーブオイル　小さじ1
サラダ油　適量
赤ワインソース　適量（→ p.015）

1　ごぼうはピーラーで薄く削ぎ、150℃に温めたサラダ油で揚げる。
　中弱火でゆっくりと温度を上げ、パリパリになったら取り出し、
　ペーパータオルで油をきり、塩をふる。

2　椎茸は石づきを切り落とす。フライパンにオリーブオイルを引き、
　カサを上にして椎茸を入れる。蓋をして中火にかけ、2〜3分焼く。

3　皿に盛りつけ、1のごぼうとパセリのみじん切りをのせ、赤ワイン
　ソースを添える。

白身魚の胡椒焼き

× 赤ワインベリーソース

材料 (2人分)
白身魚 (切り身。鯛など)　2枚
オリーブオイル　小さじ1
塩　適量
黒胡椒　適量
バター蒸し野菜 (ブロッコリー)　適量 (→ p.110)
赤ワインベリーソース　全量 (→ p.015)

1 白身魚は皮目に切り込みを入れ、塩をふって10分以上置く。皮目に粗く潰した黒胡椒をまぶす。
2 フライパンにオリーブオイルを引き、皮目を下にして白身魚を入れる。中火にかけ、フライ返しで軽く押さえながら皮目に均等な焦げ目をつける。魚の縁が白くなってきたら裏返し、火を止め、余熱で2〜3分火を通す。
3 皿に赤ワインベリーソースを敷き、バター蒸し野菜と白身魚を盛りつける。

ハイビスカスソース

ハーブティーとして売られているハイビスカスを使った
ソース。スパイスを加えることで風味が複雑になりますが、
省略することもできます。赤ワインソースと同系統の味で
すが、ハイビスカスの色気のある繊細な香りが特徴です。
ちなみに煮詰める前の状態でノンアルコールドリンクとし
ても提供できます。ワインが苦手な人におすすめです。

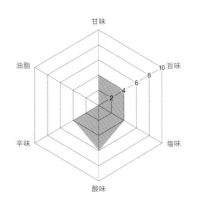

材料 (2人分)

ハイビスカス (茶葉)　10g

水　250ml

はちみつ　30g

砂糖　大さじ1

シナモン　1本

八角　1個

クローブ　2本

醤油　小さじ2

塩　ひとつまみ

コーンスターチ (または葛粉)　小さじ1

1　水、はちみつ、砂糖、シナモン、八角、クローブを小鍋
　　に入れ、中火にかける。沸騰したら火を止め (A)、ハ
　　イビスカスと合わせ (B)、蓋をしてそのまま抽出する
　　(粗熱が取れたら冷蔵庫でひと晩置くとなおよい)。
2　液体を濾し (C)、小鍋で縁を焦がさないように注意
　　しながら半量程度まで煮詰める。
3　醤油と塩を加え、コーンスターチを同量の水 (分量
　　外) で溶き、2 に少しずつ加えてとろみをつける。

鴨むね肉のソテー

材料 (2人分)

鴨むね肉 (合鴨など)　1枚

【にんじんとオレンジのピュレ】

　　にんじん　1本

　　オレンジジュース　100ml

　　塩　ひとつまみ

ハイビスカスソース　全量

フルール・ド・セル　少々

1　にんじんとオレンジのピュレを作る。にん
　　じんは1cm厚さに切る。やわらかくなるま
　　で蒸すか、大さじ1の水とともにボウルに
　　入れ、600Wの電子レンジで4分加熱する。
2　1、オレンジジュース、塩をミキサーに入れ、
　　なめらかになるまで撹拌する。
3　鴨肉は残っていれば、皮にある羽根の根元
　　を抜く。格子の切り込みを入れ、皮目に塩適
　　量 (分量外) をふる。
4　フライパンに皮目を下にして入れてから、
　　中弱火にかける。パチパチと音がしたら弱
　　火にし、身の厚いところは出てきた脂をス
　　プーンでかけながら3分ほど焼く。裏返し
　　てさっと焼いたら再度皮目を12分ほど焼
　　き、バットに取り出して5分ほど休ませる。
5　再度同じフライパンを中火にかけ、鴨肉の
　　皮目をカリッと焼いたらアルミホイルで包
　　んで休ませる。
6　出てきた肉汁はソースに加え、1cm厚さに
　　切る。
7　皿に肉汁を加えたハイビスカスソースを敷
　　き、6を盛りつける。にんじんとオレンジの
　　ピュレを添え、フルール・ド・セルをふる。

ビーツのロースト

材料 (作りやすい分量)
ビーツ　大1個
ハイビスカスソース　適量 (→左ページ)
フルール・ド・セル　少々

1 ビーツは洗い、水気がついたままアル
ミホイルで包み、170℃に温めたオー
ブンで1時間ほど焼く。
2 オーブンから取り出し、粗熱を取る。
3 粗熱が取れたら、ペーパータオルなどで
こすりながら皮をむき、くし形に切る。
4 ハイビスカスソースを回しかけた皿に
3を盛りつけ、フルール・ド・セルを
ふる。

アンチョビ白ワインソース

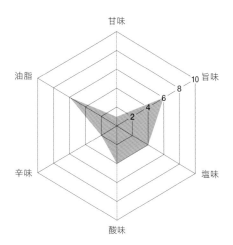

甘味 旨味 塩味 酸味 辛味 油脂
10 8 6 4 2

白ワインソースには魚のだし汁が入ることが多いですが、毎回用意も難しいので、代わりにアンチョビを使いました。今回は鶏肉や野菜などに合わせていますが、アンチョビを使うとこんな風に汎用性が増すのもメリット。白ワインはシャルドネやソーヴィニヨン・ブランなど、酸味がしっかりとしたものがベターで、贅沢に作るなら白ワインをシャンパーニュに替えると、味の輪郭がきれいに出ます。生クリームを煮詰め過ぎると味に切れがなくなるので注意して。

材料 (2人分)

白ワイン　50ml
アンチョビ　2枚
生クリーム (乳脂肪分35%)　100ml
レモン汁　小さじ1
白胡椒　適量

1　白ワインとアンチョビを小鍋に入れて中火にかけ、ヘラでアンチョビを潰しながら半量程度になるまで煮詰める。
2　生クリームを加え (A)、30秒ほど煮立てる (B)。レモン汁と白胡椒で味を調える (C)。

Tips
○濃厚にしたければ、乳脂肪分45%の生クリームを使う。

アレンジとして

" アンチョビ白ワイン カレー風味ソース "

仕上げにカレー粉を
小さじ1/4 〜 1/2加える。

鶏ささみのソテー
× アンチョビ白ワインソース
recipe ⇒ p.026

鶏ささみのソテー

× アンチョビ白ワインソース

材料 (2人分)

鶏ささみ　4本
塩　適量
白胡椒　適量
オリーブオイル　少さじ1
アンチョビ白ワインソース　全量 (→ p.022)
パセリのみじん切り　小さじ½
茹で野菜 (かぶ、さやいんげん、ヤングコーン)　適量

1 鶏ささみは観音開きにし、ラップで挟んで5mm
　程度の厚さまで叩いてのばす。
2 片面に塩と白胡椒を軽くふり、オリーブオイルを引
　いて高温に熱したフライパンで両面をさっと焼く。
3 小鍋にアンチョビ白ワインソースとパセリのみ
　じん切りを入れて温める。
4 皿に焼いた鶏ささみをのせて3を回しかけ、茹
　で野菜を盛りつける。

カリフラワーのロースト

× アンチョビ白ワインソース

材料 (2人分)

カリフラワー　½株
オリーブオイル　大さじ1
バター　10g
アンチョビ白ワインソース　適量 (→ p.022)
フルール・ド・セル　少々

1 カリフラワーは水を張ったボウルでふり洗いす
　る。半分に切り、水気をしっかりときる。
2 フライパンにオリーブオイルを引き、中火にかけ
　る。カリフラワーを入れ、はじめは水分が出てくる
　ので注意しながら、全体に焦げ目をつけるように
　焼く。油が跳ねたらペーパータオルで油をふき取
　り、新しいオリーブオイル適量 (分量外) を足す。
3 全面に焼き色がついたらバターを加える。溶けた
　バターをスプーンでかけながら (A)、カリフラワー
　の芯に竹串がすっと刺さるまでじっくりと焼く。
4 皿に盛り、アンチョビ白ワインソースを回しかけ、
　フルール・ド・セルをふる。

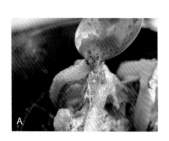

牡蠣のムニエル

✕ アンチョビ白ワインカレー風味ソース

材料（2人分）

牡蠣　4個

小麦粉　適量

オリーブオイル　大さじ1

パセリのみじん切り　適量

リゾット　適量（→ p.111）

アンチョビ白ワインカレー風味ソース　適量（→ p.022）

1 牡蠣は塩水（分量外）でふり洗いし、ペーパータオル
　で水気をふく。

2 小麦粉をまぶし、オリーブオイルを引いて中火に温
　めたフライパンに入れ、両面をカリッと焼く。

3 皿の中心にリゾットを盛り、その上に2をのせてパ
　セリのみじん切りをふり、周りにアンチョビ白ワイ
　ンカレー風味ソースを流す。

ニューホワイトソース

従来のホワイトソースはバター：小麦粉：牛乳1：1：10の割合が基本。おいしいのですが、カロリーが高いのが難点。そこで考えたのが、油脂を極限まで控えたこちらのホワイトソースです。長いもでとろみ、豆腐でコク、発酵食品の甘酒＆塩麹で旨味を加えることで満足感が出ます。牛乳を豆乳に替えれば、ベジタリアン対応も可能。

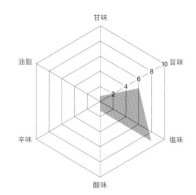

A

B

材料 (2人分)

長いも
　100g（皮をむく）
豆腐　75g
牛乳　75ml
甘酒　25ml
塩麹　小さじ1

1 すべての材料をミキサーに入れ（A）、なめらかになるまで撹拌する（B）。
2 1を小鍋に移して中火にかける。混ぜながら加熱し、沸いてきたら弱火にして2〜3分加熱する。

Tips
○ 煮込みに使う場合は、1のままで料理に加える。

鶏もも肉の軽い煮込み

材料 (2人分)

鶏もも肉　1枚 (300g)
塩　適量 (肉の重量の0.5%)
小麦粉　適量
玉ねぎ　¼個
白舞茸　1パック
オリーブオイル　大さじ1
牛乳　100ml
ニューホワイトソース　全量
黒胡椒　適量

1 玉ねぎは5mm幅のくし形に切る。白舞茸は手でほぐす。鶏肉は大きめのひと口大に切り、塩と小麦粉をまぶす。
2 フライパンにオリーブオイルを引き、皮目を下にして鶏肉を入れる。中火にかけ、焦げ目がついたら裏返す。
3 弱火にし、玉ねぎと白舞茸を加え、蓋をして3分ほど蒸し焼きにする。
4 牛乳とニューホワイトソースを加え、さらに5分煮る。皿に盛り、黒胡椒をたっぷりとふる。

クラムチャウダー

材料 (2人分)

あさり　200g（砂抜きする）
ベーコン　2枚
玉ねぎ　¼個
にんじん　⅓本 (50g)
オリーブオイル　大さじ½
白ワイン　50ml
牛乳　100ml
ニューホワイトソース　全量
パセリのみじん切り　適量

1 ベーコン、玉ねぎ、にんじんは1cmの色紙切りにする。
2 厚手の鍋に1とオリーブオイルを入れ、蓋をして中火にかける。パチパチと音がしてきたら弱火にし、3〜4分炒める。
3 あさりと白ワインを加え、蓋をして2分ほど待ち、蓋を外してあさりの口が開いたことを確認したら、あさりを取り出す。
4 3の鍋に牛乳とニューホワイトソースを加え、3〜4分煮たらあさりを戻し入れる。スープを皿に注ぎ、パセリのみじん切りを散らす。

サバイヨンソース

蒸したじゃがいもに添えていますが、茹でた野菜全般（特にアスパラガス）、あるいは甲殻類や魚介類との相性がよいソースです。最後に溶かしバターやハーブ、カレー粉などを好みで加えてアレンジもできます。黄身＋水分は湯煎にかけた状態で泡立て、50℃に達するととろみがつき、空気を含んでいきます。さらに泡立てていき、70〜75℃ができ上がりの目安です。

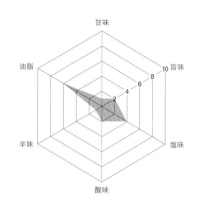

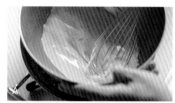

材料（2人分）
黄身　1個
塩　ひとつまみ
白ワイン　50ml
オリーブオイル
　大さじ1

1 白ワインを小鍋に入れて中火にかける。沸騰したら弱火にする。30秒ほど加熱したら火を止め、そのまま粗熱を取る。
2 ボウルに1、黄身、塩を入れ、80℃程度の湯煎（鍋底から小さな泡がふつふつと上がる程度）にかけながら泡立てる（A）。
3 ボウルの底が見える程度に濃度がついてきたら湯煎から外し、泡立て器で混ぜながらオリーブオイルを少しずつ加えて混ぜる（B）。

蒸しじゃがいも

材料（2人分）
じゃがいも　小4個
サバイヨンソース　全量
バター　適量

1 じゃがいもはよく洗い、皮つきのまま蒸し器で竹串がすっと刺さるまで蒸す。
2 皿にサバイヨンソースを敷き、半分に切ったじゃがいもを盛りつけ、うすく削ったバターをのせる。

エッグベネディクト

材料（2人分）
バニラビーンズ　¼本
サバイヨンソース　全量
卵　2個
マフィン　1個
ハム　2枚
ディルのみじん切り　適量
パプリカパウダー　少々

1 バニラビーンズはさやから種を取り出し、サバイヨンソースに加えて混ぜる（A）。
2 ポーチドエッグを作る。鍋に80℃程度の湯（鍋底から小さな泡がふつふつと上がる程度）を沸かす。火を止め、ザルで水溶性卵白を取り除いた卵を入れる。蓋をして5分加熱したら、水気をきる。
3 マフィンは半分に切り、フライパンで両面を焼く。
4 マフィンの断面を上にして皿にのせ、ハム、ポーチドエッグの順番に盛りつける。1のサバイヨンソースを回しかけ、ディルのみじん切りとパプリカパウダーをふる。

3 種のチーズソース

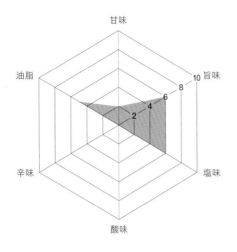

甘味
旨味
10 8 6 4 2
塩味
酸味
辛味
油脂

旨味が豊富なチーズは万能で、合わせる食材を選びません。生クリームの煮詰め具合でソースの濃度が変わるので、特にパスタに絡めるときは煮詰め過ぎないほうがよいでしょう。温かいチーズソースをかけたサラダは冷温の感覚があたらしい料理。しんなりする前に食べるのがベストです。ステーキにはミモレットを合わせていますが、ブルーチーズも合います。その場合は好みで練りわさびや黒胡椒を加えると、辛味がプラスされて複雑な味わいに。

ブルーチーズソース

材料 (2人分)
ブルーチーズ　30g
生クリーム (乳脂肪分 35%)　100ml

小さく切ったブルーチーズと生クリームを小鍋に入れ、中火にかける (A)。よく混ぜ、ブルーチーズを溶かす (B)。

パルミジャーノソース

材料 (2人分)
パルミジャーノ・レッジャーノ　30g
生クリーム (乳脂肪分 35%)　100ml

削ったパルミジャーノ・レッジャーノと生クリームを小鍋に入れ、中火にかける。よく混ぜ、パルミジャーノ・レッジャーノを溶かす。

ミモレットソース

材料 (2人分)
ミモレット　30g
生クリーム (乳脂肪分 35%)　100ml

削ったミモレットと生クリームを小鍋に入れ、中火にかける。よく混ぜ、ミモレットを溶かす。

ペンネ
× ブルーチーズソース
recipe → p.036

ペンネ

材料（2人分）
ペンネ　120g
塩　適量
ブルーチーズソース　全量（→ p.032）
黒胡椒　適量

1 ペンネは1.2% 塩分濃度の湯（分量外）で
　袋の表示時間 + 1分茹でる。
2 温かいブルーチーズソースに水気をきっ
　たペンネを加えて絡める。
3 皿に盛り、黒胡椒をたっぷりとふる。

ベビーリーフのサラダ

× パルミジャーノソース

材料（2人分）
ベビーリーフ　1パック
レタス　4枚
ミニトマト　4個
ラディッシュ　2個
オリーブオイル　小さじ2
レモン汁　小さじ1
塩　少々
パルミジャーノソース　全量（→ p.032）

1 ベビーリーフとレタスは洗って水気をきる。
　レタスはひと口大にちぎり、ミニトマトとラ
　ディッシュは4等分のくし形切りにする。
2 1の野菜をボウルに入れる。オリーブオイル
　を加えて絡め、レモン汁と塩を加えて和える。
3 皿に盛り、温かいパルミジャーノソースを
　回しかける。

ビーフステーキ

× ミモレットソース

材料（2人分）
牛赤身肉（ステーキ用）　1枚（300g・厚さ2cm）
塩　適量
オリーブオイル　大さじ1
ミモレットソース　全量（→ p.032）

1 冷蔵庫から出したての牛肉をラップで挟み、7〜8mm厚さまで叩く(**A**)。半分に切り、片面に塩を軽くふる。オリーブオイルを引いたフライパンを強火にかけ、1分ほど予熱する。塩をふった面を下にして入れ、15秒ごとに裏返しながら計2分焼く。

2 バットに取り出し、コンロ近くの温かい場所に置き、4分ほど休ませる。出てきた肉汁はミモレットソースに加える(**B**)。

3 薄切りにし、温かいミモレットソースを回しかけ、削ったミモレット(分量外)をふる。

マルサラ風ソース

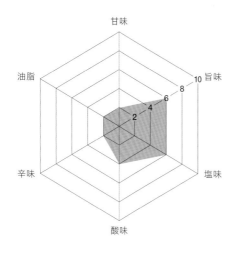

甘味・旨味・塩味・酸味・辛味・油脂
（10・8・6・4・2）

マルサラ酒は白ワインにブランデーを加えることで発酵を止め、糖分を残した酒精強化ワインですが、今回は白ワイン＋ブランデー＋はちみつで代用しています。甘酸タイプの赤ワインソースと違い、旨塩タイプのソースなのでしっかりと煮詰め、最後に塩味を調整してください。マッシュルームを炒めるタイミングで舞茸やしめじなど、ほかのきのこを足すと味に深みが出ます。薄切りの豚肉をさっと焼いて、このソースをかけるだけでもリッチな料理に仕上がるでしょう。

材料 (2人分)
マッシュルーム　2〜3個
バター　10g
白ワイン　60ml
ブランデー　大さじ1
昆布だし*　100ml
はちみつ　小さじ1
醤油　小さじ1
粉ゼラチン（水戻し不要のもの）　5g
顆粒鶏ガラスープ　小さじ1/4
黒胡椒　少々
コーンスターチ（または葛粉）　適量
塩　少々

* 昆布だし…水に対して1%の昆布をひと晩水に浸したものか、
　中火にかけて80℃まで加熱し、そのまま冷ましたものを使う。

1 マッシュルームは2mm厚さに切る。
2 バター5gを小鍋に溶かし、弱火でマッシュルームをしっかりと炒める。
3 白ワイン、ブランデーを加え（A）、鍋肌の焦げをこそげ落とす。アルコールが飛んだら、昆布だし、はちみつ、醤油、粉ゼラチン、顆粒鶏ガラスープ、黒胡椒を加え、中火にして1/2〜1/3量になるまで3〜4分煮詰める。煮詰めるほど風味が強くなる。
4 火を止めてバター5gを加え（B）、鍋を揺すりながら乳化させる。
5 コーンスターチを同量の水（分量外）で溶き、4に加えて濃度を調整し（C）、最後に塩で味を調える。

Tips
○ 白ワインは安価で甘めのものを選ぶとよい。

豚ヒレ肉のソテー
× マルサラ風ソース
recipe → p.042

鶏もも肉のソテー
× マルサラ風ソース
recipe → p.042

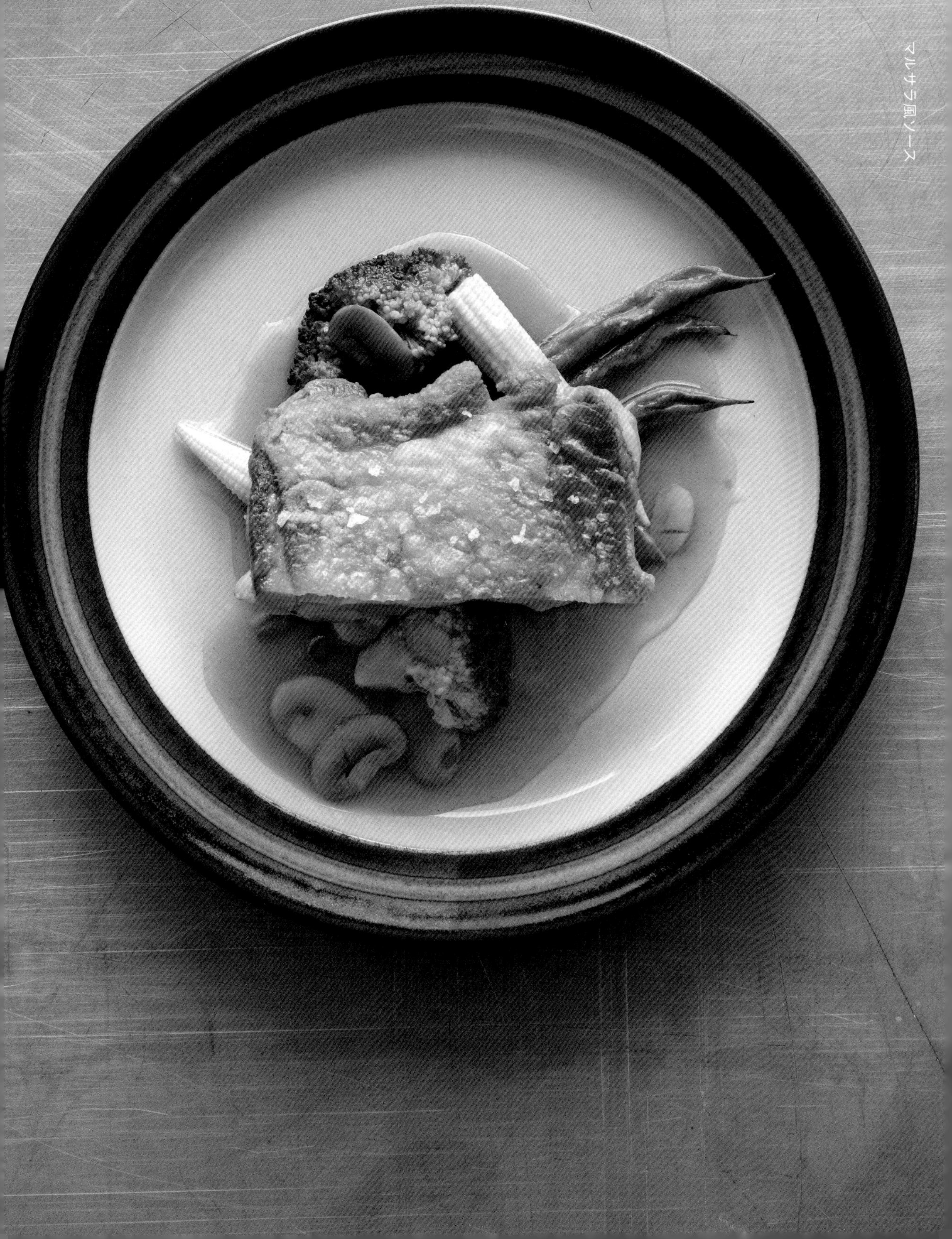

豚ヒレ肉のソテー

✕ マルサラ風ソース

材料 (2人分)
豚ヒレ肉 (ブロック)　300g
塩　適量
黒胡椒　適量
コーンスターチ (または小麦粉)　適量
オリーブオイル　大さじ1
ポテトフライ、ミニトマトのロースト
　各適量 (→ p.110)
マルサラ風ソース　全量 (→ p.038)
パセリのみじん切り　適量

1 豚肉は厚さ1.5cm程度に切り、塩、黒胡椒、コーンスターチをまぶす。
2 フライパンを強火にかけ、オリーブオイルを引く。豚肉を入れたら弱火にし、両面を3〜4分ずつ薄く色づくまで焼く。表面にうっすらと肉汁が浮かんできたら火を止め、余熱で3〜4分火を通す。
3 皿にポテトフライ、ミニトマトのロースト、2を盛りつけ、マルサラ風ソースをかけてパセリのみじん切りをふる。

鶏もも肉のソテー

✕ マルサラ風ソース

材料 (2人分)
鶏もも肉　1枚 (300g)
塩　小さじ¼
オリーブオイル　小さじ1
バター蒸し野菜 (さやいんげん、ブロッコリー、
　ヤングコーン)　適量 (→ p.110)
マルサラ風ソース　全量 (→ p.038)
フルール・ド・セル　少々

1 鶏肉は塩をふって15分以上置く。
2 オリーブオイルを引いたフライパンに皮目を下にした鶏肉を入れ、中火にかける。
3 フライ返しなどで皮を押しつけるように1分ほど押さえながら焼く。均等に焦げ目がついたら裏返し、火を止め、余熱で3〜4分火を通す。
4 皿にバター蒸し野菜をのせ、マルサラ風ソースを回しかける。焼いた鶏肉を半分に切ってのせ、フルール・ド・セルをふる。

ハンバーグ

✕ マルサラ風ソース

材料 (2人分)
合い挽き肉　200g
牛乳　大さじ2
塩　小さじ¼強
砂糖　小さじ¼強
おろし玉ねぎ　¼個分
パン粉　10g
黒胡椒　適量
サラダ油　小さじ2
酒　大さじ1
卵　2個
マルサラ風ソース　全量 (→ p.038)
ポテトフライ　適量 (→ p.110)

1 挽き肉はボウルに入れ、塩と砂糖を溶かした牛乳をかける。冷蔵庫で10分ほど冷やし、肉に水分を吸収させる。

2 おろし玉ねぎ、パン粉、黒胡椒を加えてざっくりと混ぜ、2等分にして俵形に成形する。

3 フライパンにサラダ油小さじ1を引き、弱火にかける。卵を割り入れ、黄身の縁の白身がかたまったら火を止める。

4 別のフライパンにサラダ油小さじ1を引き、中火にかける。2を入れ、焦げ目がつくまで1分ほど焼いたら裏返す。極弱火にし、余分な脂をペーパータオルでふく。酒を加えて蓋をし、6〜7分蒸し焼きにする。再度裏返して4分ほど蒸し焼きにする。

5 火を止め、蓋を外して余熱で3〜4分火を通す。出てきた肉汁はソースに加える。

6 皿に肉汁を加えたマルサラ風ソースを敷いてハンバーグをのせ、3の目玉焼きとポテトフライを盛りつける。

オレンジソース

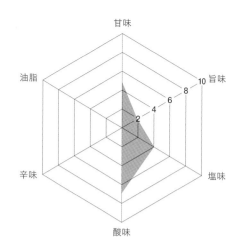

古典的なオレンジソースには、コク出しの調味料
"ガストリック"が使われます。ガストリックはビ
ネガーと砂糖を加熱し、焦がすことでショ糖をブド
ウ糖と果糖に分解したもの。このレシピではその代
わりにブドウ糖の甘味を持つみりんを使い、苦味が
少ないすっきり味に仕上げます。甘酸系のソースな
ので魚や肉といった旨味を含む食材との相性がよい
でしょう。鶏むね肉は豚肩ロース肉よりも脂肪分が
少ないので、ソースの仕上げにバターを加えるのが
ポイントです。

材料 (2人分)

オレンジジュース　100ml
みりん　50ml
粉ゼラチン (水戻し不要のもの)　5g
醤油　小さじ1
顆粒鶏ガラスープ　小さじ⅛
コーンスターチ (または葛粉)　大さじ1

1　みりんは小鍋に入れ、半量程度になるまで中火で煮詰
　　める。オレンジジュース、粉ゼラチン、醤油、顆粒鶏ガラ
　　スープを加え (A)、さらに煮立てて半量程度になるまで
　　煮詰める (B)。

2　コーンスターチを同量の水 (分量外) で溶き、1に加えて
　　濃度を調整する (C) (D)。

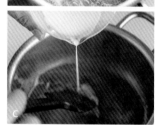

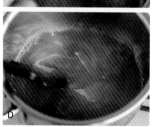

アレンジとして

"オレンジバターソース"

仕上げにバター10gを加える。

"オレンジチリソース"

仕上げにスイートチリソース小さじ1〜2を加える (E)。

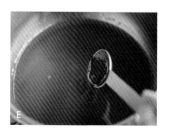

豚肩ロース肉の
サルティンボッカ

✕ オレンジソース

材料 (2人分)
豚肩ロース肉 (ポークソテー用)　2枚 (1枚 180g・厚さ 2cm)
生ハム　2枚
塩　適量
小麦粉　適量
オリーブオイル　大さじ1
オレンジソース　全量 (→ p.044)
バター蒸し野菜 (さやいんげん)　適量 (→ p.110)

1 豚肉はラップで挟み、軽く叩く。片面に塩をふって生ハムを重ね、小麦粉をまぶす。

2 フライパンにオリーブオイルを引き、中火にかける。生ハムの面を下にして豚肉をフライパンに入れる。

3 焦げ目がついたら裏返し、さらに焼く。フライパンにできた焦げ (豚肉の旨味成分) は残し、出てきた脂のみをペーパータオルでふく (A)。

4 3のフライパンにオレンジソースを加え (B)、スプーンでソースをかけながら3〜4分火を通す (C)。

5 皿に盛り、バター蒸し野菜を添える。

鶏むね肉のソテー

✕ オレンジバターソース

材料 (2人分)

鶏むね肉　1枚 (250g)

塩　適量 (肉の重量の0.8%)

オリーブオイル　大さじ2

オレンジバターソース　全量 (→ p.044)

1 鶏肉は塩をふり、15分以上置く。

2 フライパンにオリーブオイルを引き、皮目を下にして鶏肉を入れ、ふんわりとアルミホイルを被せて中火にかける。音がしてきたら弱火にして20分ほど焼く。

3 アルミホイルを外し、裏返してさらに5分ほど焼く (A)。バットに取り出し、ふんわりとアルミホイルを被せて10分ほど休ませる。フライパンにできた焦げ (鶏肉の旨味成分) は残し、出てきた脂のみをペーパータオルでふく (B)。

4 同じフライパンにオレンジバターソースを入れて温め、鶏肉から出てきた肉汁を加える (C)。

5 皿に4のソースを敷き、2cm厚さに切った鶏肉を盛りつける。

白身魚のベニエ
× オレンジチリソース

材料 (2人分)
白身魚 (切り身。鯛やスズキなど)　2枚
【衣】
　小麦粉　60g
　黄身　1個
　ビール (または炭酸水)　60ml
　白身　1個
サラダ油　適量
オレンジチリソース　全量 (→ p.044)
リゾット　適量 (→ p.111)
パルミジャーノ・レッジャーノ　適量

1　衣を作る。ボウルに小麦粉、黄身、ビー
　　ルを入れて混ぜる。
2　白身は別のボウルに入れて泡立て、泡
　　が消えないように1のボウルに加え
　　てさっくりと混ぜる。
3　白身魚は半分に棒状に切り、竹串を縫
　　うように刺してから小麦粉適量 (分量
　　外) をまぶす。2にくぐらせ、170℃に
　　温めたサラダ油でさっと揚げる。
4　皿にリゾットをのせ、オレンジチリ
　　ソースを回しかける。その上に揚げ
　　立ての3を盛りつけ、削ったパルミ
　　ジャーノ・レッジャーノをふる。

Tips
○白身魚は薄いので、竹串を刺すことで
　ボリューム感を出す。

セサミソース

もともとは鴨肉や鳩肉に合わせるために考えたソースですが、どんな素材とも相性がよい汎用性の高さが特徴。ただ、ソースの甘味や旨味、酸味や塩味などのバランスがよいだけに、逆に今回のラム肉のような癖のある主素材と合わせたり、野菜だったら表面を焦がす、スパイスを効かせるなど工夫したほうが面白い料理になります。カジキマグロは淡白なので、醤油とみりんに漬けて香ばしさを出しました。カジキマグロの代わりにサーモンでもよいでしょう。

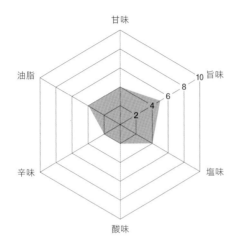

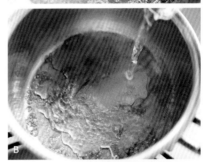

材料（2人分）
炒りごま　20g
赤ワインビネガー　大さじ1
グラニュー糖（または上白糖）　小さじ2
白ワイン　50ml
昆布だし*　100ml
顆粒鶏ガラスープ　小さじ¼
ディジョンマスタード　小さじ1
バター　10g
塩　ひとつまみ

＊昆布だし…水に対して1%の昆布をひと晩水に浸したものか、中火にかけて80℃まで加熱し、そのまま冷ましたものを使う。

1　赤ワインビネガーとグラニュー糖を小鍋に入れ、弱火にかける。カラメル状になったら（A）、火から外して白ワインを一気に加える（B）。

2　再度火にかけ、半量ほどに煮詰まったら（C）、昆布だし、顆粒鶏ガラスープを加えて1分ほど煮る。

3　2、炒りごま、ディジョンマスタード、バター、塩をミキサーに入れ（D）、なめらかになるまで撹拌する。

ラムチョップのソテー
× セサミソース
recipe → p.056

ラムチョップのソテー

✕ セサミソース

材料 (2人分)
ラムチョップ　4本
塩　適量
小麦粉　適量
溶き卵　1個分
炒りごま　適量
オリーブオイル　大さじ1
セサミソース　全量 (→ p.053)
ポテトフライ、バター蒸し野菜
　　（さやいんげん）　各適量 (→ p.110)

1 ラムチョップは軽く叩き、塩をふる。片面に小麦粉
　をまぶして溶き卵にくぐらせ、炒りごまをつける。
2 フライパンにオリーブオイルを引き、中火にか
　ける。脂身から焼き始め (A)、脂身に焦げ目がつ
　いたら弱火にし、ごまの面を下にして焼く (B)。
　焦げ目がついたら裏返す (C)。さらに2分焼いて
　火を止め、余熱で3分ほど火を通す。
3 皿にセサミソースを敷き、ラムチョップを盛り
　つけ、ポテトフライとバター蒸し野菜を添える。

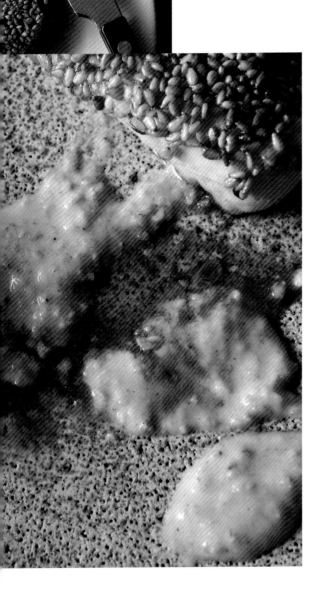

カジキマグロのソテー

✕ **セサミソース**

材料 (2人分)
カジキマグロ (切り身)　2枚
醤油　小さじ1
みりん　小さじ1
小麦粉　適量
溶き卵　1個分
炒りごま　適量
オリーブオイル　大さじ1
青梗菜　1本
セサミソース　全量 (→ p.053)

1 醤油とみりんを合わせ、カジキマグロを10分ほ
　どマリネする。青梗菜は縦4等分にして半分に
　切り、塩茹で (分量外) して冷水に取る。

2 ペーパータオルでカジキマグロの水気を軽くふ
　く。片面に小麦粉をまぶして溶き卵にくぐらせ、
　炒りごまをつける。

3 フライパンにオリーブオイルを引き、中火にか
　ける。ごまの面を下にしてカジキマグロを入れ
　る。焦げ目がついたら裏返す。火を止め、余熱で
　3分ほど火を通す。

4 皿にセサミソースを敷き、カジキマグロ、水気を
　絞った青梗菜を盛りつけ、焼き汁を回しかける。

焼き野菜

× セサミソース

材料 (2人分)
かぶ　小1個
赤パプリカ　1個
ズッキーニ　1本
かぼちゃ　⅛個
オリーブオイル　適量
フルール・ド・セル　少々
セサミソース
　　適量 (→ p.053)

1 かぶは茎を1cmほど残して切り落とし、4等分のくし形切りにする。切り落とした茎は5cm幅に切る。

2 かぼちゃは食べやすい大きさに切り、オリーブオイル小さじ1をまぶし、250℃に温めたオーブンで20分ほど焼く。かぶの茎を加え、さらに5分焼く。

3 赤パプリカはコンロの直火で焦げるまで焼き、ボウルに入れてラップをかけて蒸らす(A)。粗熱が取れたらペーパータオルなどでこすりながら皮をむき(B)、ヘタと種を取って縦6等分に切る。皮の焦げ目は少し残すと香ばしくておいしい。

4 ズッキーニは縦半分に切る。フライパンにオリーブオイル大さじ1/2を引き、弱火にかける。断面を下にして入れ、20分ほどじっくりと焼き、裏返してさらに5分焼く(C)。

5 皿に焼いた野菜を盛りつけ、フルール・ド・セルをふり、セサミソースを添える。

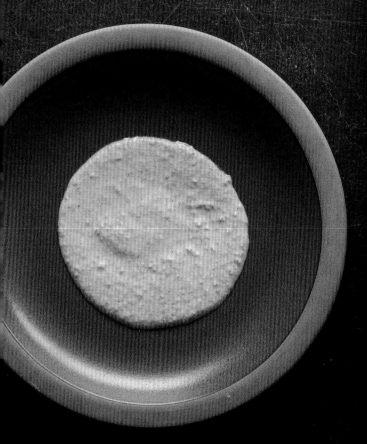

海老クリームソース

甲殻類の殻を煮込んで作るソース "アメリケーヌ" のおいしさを瞬時で出したい。そこで考えたのが乾燥桜海老を使ったこのソースです。ミキサーにかけることで海老の風味を丸ごと味わえます。使うのはお好み焼き用として売られている桜海老でかまいません。魚介類と合わせていますが、鶏肉との相性もよく、応用範囲の広いソースです。冷ご飯を煮て、リゾット風に仕立てても美味。撮影ではパスタが特に好評でした。

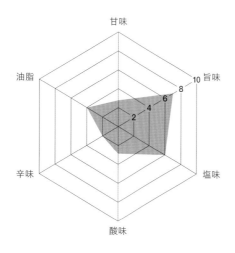

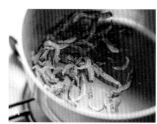

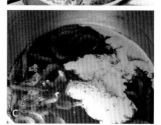

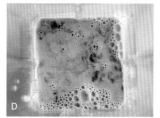

材料（2人分）

桜海老　5g
白ワイン　50ml
トマトペースト　大さじ1
生クリーム（乳脂肪分35%）　50ml
水　80ml
顆粒鶏ガラスープ　小さじ⅛
塩　少々
ブランデー　適宜

1 桜海老は鍋に入れ、中火で炒る（A）。香りが立ってきたら白ワインを加え（B）、30秒ほど加熱してアルコールを飛ばす。

2 トマトペースト、生クリーム、水、顆粒鶏ガラスープを加え（C）、ひと煮立ちしたらミキサーに入れ（D）、攪拌する（E）。

3 鍋に戻し入れ、塩で味を調え、好みで香りづけにブランデー数滴を加える。

ホタテ貝柱のソテー
× 海老クリームソース
recipe ──➤ p.064

ホタテ貝柱のソテー

✕ 海老クリームソース

材料 (2人分)
ホタテ貝柱　6個
塩　適量
オリーブオイル　小さじ2
リゾット　適量 (→ p.111)
海老クリームソース　全量 (→ p.060)

1 ホタテ貝柱は塩をふり、オリーブオイルを塗る。
2 高温に熱したフライパンに1を入れて焼く。焦
　げ目がついたら裏返し、火を止め、余熱で2 ～ 3
　分火を通す。
3 皿にリゾットと焼いたホタテ貝柱を盛りつけ、
　周りに海老クリームソースを流す。

フェデリーニ

✕ 海老クリームソース

材料 (2人分)
フェデリーニ　120g
塩　適量
生クリーム (乳脂肪分 35%)　30ml
海老クリームソース　全量 (→ p.060)
黒胡椒　適量

1 フェデリーニは1.2% 塩分濃度の湯 (分量外) で
　袋の表示時間通りに茹でる。
2 フライパンに生クリームと海老クリームソース
　を入れ、中火にかける。沸騰したら弱火にし、2
　～ 3分煮る。
3 水気をきったフェデリーニを2のフライパンに
　加えてさっと和え、皿に盛り、黒胡椒をたっぷ
　りとふる。

鱈のポワレ

✕ 海老クリームソース

材料 (2人分)
鱈 (切り身)　2枚
塩　適量
じゃがいも　1個
オリーブオイル　小さじ1
海老クリームソース　全量 (→ p.060)
イタリアンパセリ　適量

1 鱈は塩をふり、15分以上置く。
2 じゃがいもは皮をむき、1.5cm角に切
　る。小鍋にじゃがいもを入れ、被る程
　度の水と塩少々を加え、中火にかけ
　る。沸いてきたら弱火にし、竹串が
　すっと刺さるまで5 ～ 6分茹でる。
3 2の水をこぼし、再びに弱火にかけて
　表面の水分を飛ばす。
4 鱈の水気をペーパータオルでふく。フ
　ライパンにオリーブオイルを引いて中
　火にかけ、皮目を下にして鱈を入れる。
　3分ほどして焦げ目がついたら裏返し、
　火を止めて余熱で1分ほど火を通す。
5 海老クリームソースを4の鱈にかけ
　る (A)。再度中火にかけ、絡ませなが
　ら煮立てる。
6 皿にじゃがいもと5を盛りつけ、イタ
　リアンパセリを添える。

ハニーソイソース

万人に好まれる甘辛味です。「はちみつは砂糖で代
用できますか?」と聞かれますが、答えは「No」。
はちみつのとろみが重要ですし、砂糖=ショ糖はカ
ラメル反応を起こすだけで、メイラード反応は起こ
りにくい。一方、はちみつの甘味はブドウ糖と果糖
なので、醤油やほかのアミノ酸とメイラード反応が
起きやすく、結果複雑な風味が生まれるのです。

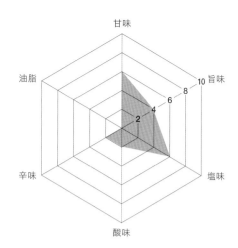

材料 (2人分)
はちみつ　50g
醤油　大さじ2
にんにくのみじん切り　½片分
粒マスタード　大さじ1
赤ワインビネガー　小さじ1

ボウルにすべての材料を入れ、混ぜる (A)。

Tips
○ にんにくはしょうがに替えてもおいしい。
○ 赤ワインビネガーはほかの酢で代用しても。
○ 冷蔵庫で1週間ほど保存可能。

豚バラ肉のステーキ

材料 (2人分)
豚バラ肉 (ブロック)　300g
水　適量
ハニーソイソース　全量
黒胡椒　適量

1 豚肉は鍋に入れ、被る程度の水を注ぐ。中火にかけ、沸騰したら弱火
　にして1時間半ほど茹でる。火を止め、そのまま冷ます (A)。煮汁は
　濾してブイヨンとして使える。
2 豚肉を半分の厚さに切る。断面を下にしてフライパンに入れ、中火
　にかける。ペーパータオルで出てきた脂をふきながら焼き (B)、焦げ
　目がついたら裏返す。
3 弱火にし、ハニーソイソースを加えてスプーンでかけながら絡める。
4 皿に盛り、粗く挽いた黒胡椒をたっぷりとふる。

鶏手羽先のソテー
× ハニーソイソース
recipe ⟶ p.070

鶏手羽先のソテー

✕ ハニーソイソース

材料 (2人分)
鶏手羽先　8本
ほうれん草　½束
オリーブオイル　小さじ1
ハニーソイソース　全量 (→ p.066)

1 鶏手羽先は関節近くに切り込みを入れ (A)、両手で関節を
　折り (B)、手羽はしを切り落として骨を出すように身を寄
　せる (C)。そうすることで身が厚くなり、食べ応えが増す。
　切り落とした手羽はしはスープ用として使える。
2 ほうれん草は塩茹で (分量外) し、冷水に取る。
3 フライパンにオリーブオイルを引き、1を入れる。中火に
　かけ、転がしながら全面に焦げ目をつける。
4 出てきた脂をペーパータオルでふき (D)、ハニーソイソー
　スを加えて弱火にし、スプーンでソースをかけながら火を
　通す (E)。
5 皿に水気を絞ったほうれん草と4を盛りつけ、フライパン
　に残ったソースを回しかける。

サーモンのソテー

✕ ハニーソイソース

材料 (2人分)
サーモン (切り身。腹身部分がよい)　2枚
ハニーソイソース　全量 (→ p.066)
温かいご飯　適量
クレソン　適量

1 フライパンにサーモンを入れ、中火にかける。焦げ目がつ
　いたら裏返し、ペーパータオルで出てきた脂をふく。
2 ハニーソイソースを加えて弱火にし、スプーンでソースを
　かけながら火を通す。
3 皿に温かいご飯と2を盛りつけてクレソンを添え、フライ
　パンに残ったソースを回しかける。

えのきのステーキ

✕ ハニーソイソース

材料 (2人分)
えのきの根元　1個
バター　30g
温泉卵の黄身　1個
ハニーソース　大さじ2 （→ p.066）

1 フライパンを中火にかけ、バターを入れて溶かす。泡立ってきたらえのきの根元を入れ、スプーンで溶けたバターをかけながら両面に焦げ目がつくまで焼く。
2 ハニーソイソースを回しかけ、全体に絡めながら火を通す。
3 皿に2を盛り、温泉卵の黄身を添え、ソースに黄身を絡めながら食べる。

Tips
○ 厚揚げや木綿豆腐で作ってもおいしい。

Chapter 2

混ぜるだけのソース

「温かい料理には火を入れたソースをかける」
というのが昔のフランス料理の考え方で、例
えば温かい料理にマヨネーズを添えるのはタ
ブーでした。一方、スペインではマヨネーズ
ベースのアイオリソースをパエリアやオムレ
ツなどの温かい料理に添えますし、イタリア
料理でも茹でた肉にサルサヴェルデのような
混ぜるだけのソースを添えます。

最近では料理がボーダーレス化したこともあ
り、こうした決まりはなくなりました。現代の
ソースは自由なのです。アルゼンチン発祥の
チミチュリソースも世界中に広まった混ぜる
だけのソースのひとつ。

これらに共通するのは香りを生かしたオイル
ベースという点。ソースに油脂分があるので、
脂肪分の少ない食材と合わせるのがよいで
しょう。

チミチュリソース

本来のチミチュリソースはパセリとにんにくがベースですが、このレシピではにんにくを省き、玉ねぎと香菜を加えています。にんにくの風味が欲しければ、にんにく1片のみじん切りを加えてください。もともとアサードというロースト料理に添えるソースなので、ローストチキンやポークソテーなど肉料理全般に使えます。つけ合わせのようなソースなのでアレンジは自由自在。キウイを加えたレシピを紹介していますが、パイナップルも合います。

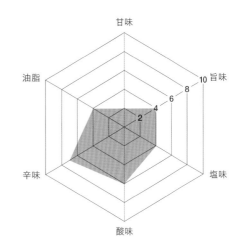

材料 (2人分)

玉ねぎ　80g（みじん切り）
塩　小さじ½
砂糖　小さじ1
パセリ　10g
香菜　10g
青唐辛子　½本（または柚子胡椒　小さじ½）
アンチョビ　1枚
オリーブオイル　大さじ2
白ワインビネガー　大さじ1
黒胡椒　適量

1 玉ねぎは細かいみじん切りにし、塩と砂糖を混ぜる。玉ねぎがしんなりしたらペーパータオルで水気を絞る。パセリ、香菜、青唐辛子はみじん切りし、アンチョビは包丁で叩く。香菜は根があれば、一緒にみじん切りにする。
2 1、オリーブオイル、白ワインビネガー、黒胡椒をボウルに入れて混ぜる（A）。

アレンジとして

" チミチュリキウイソース "

1cm角に切ったキウイフルーツ1/2個を加えて混ぜる。

" チミチュリ梅マヨソース "

マヨネーズ大さじ1と叩いた梅干しの果肉1個分を加えて混ぜる。

" チミチュリトマトソース "

湯むきして種を取り、1.5cm角に切ったトマト1個とみじん切りにしたにんにく1/2片を加えて混ぜる。

厚切りペッパーステーキ
× チミチュリソース
recipe → p.078

A

厚切りペッパーステーキ

✕ チミチュリソース

材料 (2人分)
牛赤身肉 (ステーキ用。オーストラリア産など)
　1枚 (300g・厚さ2cm)
塩　適量 (肉の重量の0.8%)
オリーブオイル　大さじ1
黒胡椒　適量
チミチュリソース　全量 (→ p.075)

1　冷蔵庫から出したての牛肉に塩をふり、ラップで
　挟んで1cm厚さまで叩く。表面にオリーブオイル
　を塗り、粗く挽いた黒胡椒をたっぷりとふる (A)。
2　グリルパンを強火にかけ、1分ほど予熱する。1
　をのせ、30秒ごとに裏返しながら計2分焼く。
　フライパンで焼く場合は、肉にはオリーブオイ
　ルを塗らないでフライパンに引き、同様に焼く。
3　バットに取り出し、コンロ近くの温かい場所で
　2分ほど休ませたら、強火でさらに両面を30秒
　ずつ焼く。
4　皿に盛り、チミチュリソースをたっぷりとかける。

白身魚のカルパッチョ

✕ チミチュリキウイソース

材料 (2人分)
白身魚 (刺身用。鯛など)　1柵
塩　適量
チミチュリキウイソース　半量 (→ p.075)
香菜の葉　適量

1　白身魚は薄切りにして皿に盛りつけ、軽く塩を
　ふる。
2　チミチュリキウイソースをかけ、香菜の葉をち
　ぎって散らす。

Tips
○ シンプルな焼き魚にかけてもおいしい。

なすのフライ

✕ チミチュリ梅マヨソース

材料 (2人分)
なす　2本
片栗粉　適量
サラダ油　適量
チミチュリ梅マヨソース　全量 (→ p.075)

1 なすはヘタを切り落とし、4等分のくし形に切り、片栗粉をまぶす。
2 フライパンにサラダ油を1 〜 2cm 入れ、170℃に温める。なすを入れ、表面がカリッとするまで揚げ、油をきる。
3 皿に盛り、チミチュリ梅マヨソースを添える。

鰯のフライ

✕ チミチュリトマトソース

材料 (2人分)
鰯　小4尾
塩　適量
小麦粉　適量
サラダ油　適量
チミチュリトマトソース　全量 (→ p.075)

1 鰯は内臓を抜き、流水で洗う。ペーパータオルで水気をよくふき、塩を軽くふって小麦粉をまぶす。
2 フライパンにサラダ油を1 〜 2cm 入れ、160℃に温める。鰯を入れて一度裏返し、計5分ほど表面がカリッとするまで揚げ (A)、油をきる (B)。
3 皿に盛り、チミチュリトマトソースを添える。

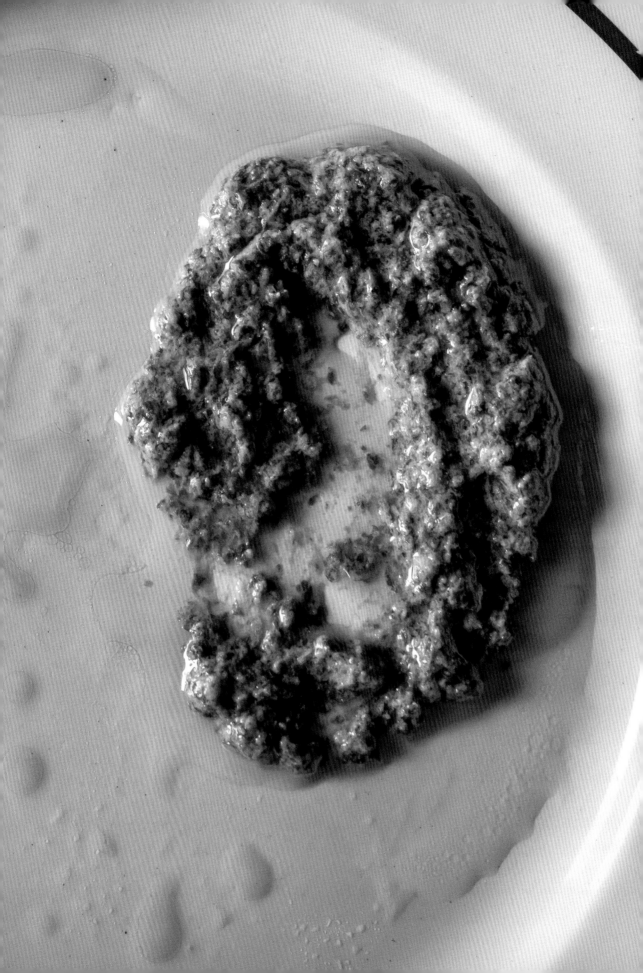

サルサヴェルデ

イタリア語で緑のソースという名前の通り、パセリの色を生かします。パセリには日本でおなじみのカーリーパセリと平たい葉のイタリアンパセリがありますが、香り成分は一緒なので、安価なカーリーパセリをたっぷり使いましょう。フードプロセッサーのほか、包丁で丁寧に刻んだり、すり鉢ですり潰しても作れます。茹でた魚や肉に添える定番料理をご紹介していますが、ステーキ、カツオやマグロの刺身に添えるのもおすすめです。

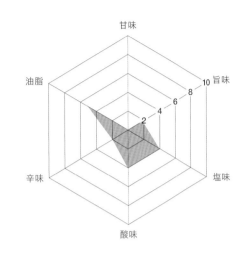

材料 (2人分)
パセリの葉　15g
パン粉　5g
赤ワインビネガー　小さじ½
アンチョビ　1枚
ケッパー　5g
茹で卵の黄身 (かた茹で)　1個
オリーブオイル　大さじ6
グラニュー糖 (または上白糖)　小さじ¼

1　パセリの葉は細かく刻む。
2　フードプロセッサーに1、パン粉、赤ワインビネガー、アンチョビ、ケッパー、茹で卵の黄身、オリーブオイル大さじ3を入れて撹拌する (A)。ある程度混ざったらオリーブオイル大さじ3を加えてさらになめらかになるまでしっかりと撹拌する (B)。

Tips
○ 黄身を加えることで、まろやかな風味になる。

サーモンのポシェ
× サルサヴェルデ
recipe ⇒ p.086

茹で鶏
× サルサヴェルデ
recipe ⇒ p.086

サーモンのポシェ

✕ サルサヴェルデ

材料（2人分）

サーモン（切り身）　2枚

塩　適量

昆布だし*　500ml

バター蒸し野菜（かぶ、スナップエンドウ）　適量（→ p.110）

サルサヴェルデ　半量（→ p.083）

＊昆布だし…水に対して1%の昆布をひと晩水に浸したものか、中火にか
　け て80℃まで加熱し、そのまま冷ましたものを使う。

1 サーモンは塩をふり、15分以上置く。

2 サーモンを鍋に入れ、昆布だしを注ぐ。中火にかけ、80℃程
　度（鍋底から小さな泡がふつふつと上がる程度）になったら
　火を止め、蓋をして1〜2分余熱で火を通す。サーモンの端
　を箸で挟んで身が薄片状にはがれれば火が通っている（A）。

3 皿に水気をきったサーモンとバター蒸し野菜を盛りつけ、
　サルサヴェルデをかける。

茹で鶏

✕ サルサヴェルデ

材料（2人分）

鶏もも肉　1枚（300g）

塩　適量（肉の重量の1%）

ブロッコリー　適量

ヤングコーン　適量

サルサヴェルデ　半量（→ p.083）

1 鶏肉は塩をふり、15分以上置く。皮を外側にして丸め、タ
　コ糸で4〜5か所縛る。

2 1を鍋に入れ、被る程度の水（500〜600mlが目安）を加え、
　中火にかける。沸騰しない程度の火加減を保ち、15分ほど
　茹でる。

3 小房に分けたブロッコリーとヤングコーンを加え（A）、さ
　らに5分ほど茹でる。煮汁が足りなければ、水を適宜足す。
　煮汁は濾してブイヨンとして使える。

4 茹で鶏のタコ糸を外し、2cm厚さに切る。

5 皿に水気をきったブロッコリーとヤングコーン、4を盛り
　つけ、サルサヴェルデを添える。

野菜と豆のスープ

×　サルサヴェルデ

材料（2〜3人分）
ベーコン（ブロック）　50g
玉ねぎ　¼個
にんじん　¼本
ブロッコリー　30g
カリフラワー　30g
ミニトマト　4個
白いんげん豆（水煮）　200g
オリーブオイル　大さじ1
塩　小さじ¼
水　500ml
サルサヴェルデ　適量（→ p.083）

1　ベーコンは拍子木切りにし、玉ねぎは1cm角に切る。にんじんはベーコンの大きさに合わせて切る。ブロッコリーとカリフラワーは小房に分ける。ミニトマトは4等分のくし形に切る。白いんげん豆は軽く洗い、水気をきる。

2　厚手の鍋にベーコン、玉ねぎ、オリーブオイル、塩を入れ、中火にかける。蓋をしてパチパチと音がしてきたら弱火にし、しんなりするまで炒める。

3　蓋を外し、にんじん、白いんげん豆、水を加える。中火にし、沸騰したら弱火にして10分ほど煮る。

4　ブロッコリーとカリフラワーを加え、さらに3〜4分煮て、火を止めてミニトマトを加える。

5　スープを皿に注ぎ、サルサヴェルデを加え、混ぜながら食べる。

アイオリソース

マヨネーズ作りはハンドミキサーがあれば簡単ですが、卵は室温に戻しておきましょう。冷たいと分子の動きが鈍くなり、乳化に失敗する場合があります。アイオリソースはにんにく風味のマヨネーズといった雰囲気。今回のように焼いた肉や魚のほか、揚げ物などとも相性がよく、冷蔵庫で5日間は保存できるので、作っておくと重宝します。濃度が強ければ牛乳でゆるめてください。

混ぜるだけのソース　アイオリソース

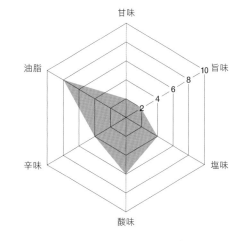

甘味 旨味 塩味 酸味 辛味 油脂
10 8 6 4 2

材料（2人分）
自家製マヨネーズ　70g
おろしにんにく　小さじ⅓〜½

マヨネーズとおろしにんにくを混ぜる。

自家製マヨネーズ

材料（でき上がり分量・約250g）
卵　1個（常温に戻す）
サラダ油　200ml
ディジョンマスタード　小さじ2
レモン汁　小さじ2
塩　小さじ¼
白胡椒　少々

1 マヨネーズを作る。すべての材料をカップ（直径6.5〜8.5cmで底が平らな縦長の計量カップやビーカーなど）に入れ、ハンドミキサーを差し込む。

2 初めはあまり動かさないようにハンドミキサーを回す（A）。下から乳化がはじまってきたらハンドミキサーをゆっくり引き上げ、全体を混ぜ合わせ、さらに乳化させる。

アレンジとして

" バジルアイオリソース "

バジル10gをすり鉢かミキサーなどで細かくくし（A）、アイオリソース70gを加えて混ぜる（B）。

" ピスタチオアイオリソース "

ローストピスタチオ25g（A）とアイオリソース70gをハンドミキサーにかけ（B）、レモン汁小さじ1を加えて混ぜる。好みでなめらかになるまで回しても、ナッツ感が残る程度に回してもよい。

サーモンのオーブン焼き
× バジルアイオリソース
recipe ⇒ p.092

サーモンのオーブン焼き

× バジルアイオリソース

材料 (2人分)
サーモン (切り身)　2枚
ミニトマト　200g
さやいんげん　80g
オリーブオイル　大さじ3
塩　適量
バジルアイオリソース　半量 (→ p.089)

1　サーモンは軽く塩をふり、15分以上置く。
2　ミニトマトはヘタを取り、半分に切る。さやいんげんはヘタを切り落とし、斜め半分に切る。ミニトマトとさやいんげんをボウルに入れ、オリーブオイルと塩小さじ1/4を加えて和える。
3　焼き皿にオーブンシートを敷き、ミニトマトとさやいんげんを並べる。その上にサーモンをのせ、230℃に温めたオーブンで10分ほど焼き、バジルアイオリソースをサーモンにかける。

鶏もも肉のオーブン焼き

× ピスタチオアイオリソース

材料 (2人分)
鶏もも肉　1枚 (300g)
塩　適量
じゃがいも　2個
玉ねぎ　¼個
パン粉　10g
パセリのみじん切り　5g
にんにくのみじん切り　½片分
ディジョンマスタード　大さじ1
オリーブオイル　大さじ2
ピスタチオアイオリソース
　半量 (→ p.089)

1　鶏肉はひと口大に切り、軽く塩をふる。じゃがいもは皮をむき、1cm厚さに切り、1% 塩分濃度の湯 (分量外) でやわらかくなるまで茹でる。玉ねぎは薄切りにする。パン粉、パセリとにんにくのみじん切りを混ぜ、香草パン粉を作る (A)。
2　焼き皿にオーブンシートを敷き、じゃがいもを並べる。その上に玉ねぎ、皮目を上にして鶏肉をのせ、全体に塩をふる。
3　鶏肉の皮目にディジョンマスタードを塗り (B)、香草パン粉をふる。オリーブオイルを回しかけ、230℃に温めたオーブンで25分ほど焼く。ピスタチオアイオリソースを所々にかけ、混ぜながら食べる。

A

B

Chapter 3

野菜のピュレソース

ソースとして野菜のピュレを使うのはここ最近の傾向。たっぷりのバターを加えるとリッチでなめらかなテクスチャーになりますが、重たい味になるので、今回油脂は控えめに調整しました。

野菜のピュレソースは冷凍できるので、時間があるときに作っておくと手間がかかりません。濃度がある野菜のピュレは単体でつけ合わせにもなりますし、ソースとしては特に主素材と副素材を繋ぐ役割があります。

今回は主にメイン素材＋炭水化物＋野菜のピュレソースという構成の"ひと皿で満足できる料理"をご紹介します。カレーライスやハヤシライスよりも軽く、旬の野菜も摂れてヘルシー。ピュレにすることで、甘味を感じやすくなるので、子どもにも好まれる味です。

でんぷん質を含むかぼちゃはピュレソースにぴったりの野菜。品質が安定している冷凍かぼちゃを使うのもおすすめです。白味を引き締めるためにしょうがの搾り汁で香りづけしていますが、好みで省いてください。ブリの照り焼きとバターライス、かぼちゃのピュレソースが繋いでくれます。ピュレソースは多めにできるので残ったら冷凍するか、牛乳でのばしてポタージュにアレンジしても。

材料（作りやすい分量）
かぼちゃ　200g
オリーブオイル　大さじ1
水　100ml
塩　小さじ1/4
牛乳　100ml
しょうがの搾り汁　適宜

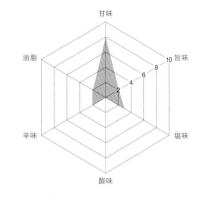

1　かぼちゃは皮をむき、5mm厚さに切る。皮は取り置き、下記の
　　クランブルに使う。
2　かぼちゃの果肉、オリーブオイル、水、塩を鍋に入れて中火にか
　　ける。蓋をして湯気が出てきたら弱火にし、5分ほど煮る（A）。
3　2と牛乳、好みでしょうがの搾り汁小さじ1/2をミキサーに入
　　れ（B）、なめらかになるまで撹拌する（C）。

ブリの照り焼き

材料（2人分）
ブリ（切り身）　2枚
オリーブオイル　小さじ1
酒　大さじ2
醤油　大さじ2
みりん　大さじ2
砂糖　大さじ1
バター　10g
バターライス　適量（→ p.111）
パセリのみじん切り　適量
かぼちゃのピュレソース　適量
かぼちゃの皮とレーズンの
　　クランブル　適量

1　フライパンにオリーブオイルを引き、中火にかける。ブリを入
　　れ、焦げ目がついたら裏返し、バター以外の調味料を加え、ス
　　プーンでたれをかけながら煮詰める。
2　バターを加え、鍋を揺すりながら乳化させる。
3　パセリのみじん切りを加えて混ぜたバターライスとブリを皿
　　に盛りつけ、かぼちゃのピュレソースを回しかけ、仕上げにか
　　ぼちゃの皮とレーズンのクランブルを添える。

かぼちゃの皮とレーズンのクランブル

材料（2人分）
かぼちゃの皮（かぼちゃの
　　ピュレソース作成時の残り）　全量
オリーブオイル　小さじ2
レーズン　小さじ1
パセリのみじん切り　適量
塩　少々

1　かぼちゃの皮はみじん切りにする。
2　フライパンにオリーブオイルを
　　引き、中火にかける。1を入れ、カ
　　リカリになるまで炒める（A）。
3　レーズンとパセリのみじん切り
　　を加え、塩で味を調える。

にんじんのピュレソース

にんじんのピュレソースは煮込み料理やステーキのつけ合わせにも向きます。今回は海老に合わせてオレンジ風味にしましたが、牛乳だけで作ってもよいでしょう。ミキサーにかけるとき、バターを 10g ほど加えるとリッチでなめらかになります。

材料 (作りやすい分量)

にんじん　200g
オリーブオイル　小さじ2
水　50ml
冷やご飯　25g
塩　小さじ¼
オレンジジュース　50ml
牛乳　50ml
白胡椒　少々

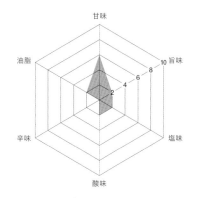

1 にんじんは皮つきのまま薄切りにし、オリーブオイル、水、冷やご飯、塩とともに鍋に入れ、中火にかける。蓋をして湯気が出てきたら弱火にし、7 〜 8分煮る。
2 1、オレンジジュース、牛乳、白胡椒をミキサーに入れ、なめらかになるまで撹拌する。

クスクス

材料 (2人分)

クスクス　50g
水　50ml
きゅうりの粗みじん切り　½本分
ラディッシュの粗みじん切り　1個分
小ねぎの小口切り　3本分
オリーブオイル　大さじ2
シェリービネガー　大さじ½
塩　小さじ⅓
柚子胡椒　小さじ¼

1 クスクスと水をボウルに入れ、ラップをかけて 600W の電子レンジで1分加熱する。
2 1に残りの材料を加え、さっと和える。

海老の
ガーリックソテー

材料 (2人分)

海老　8尾
にんにく　1片
赤唐辛子　½本
しし唐辛子　6本
オリーブオイル　大さじ1
塩　小さじ¼
クスクス　全量
にんじんのピュレソース　適量

1 海老は殻をむき、背ワタを取る。包丁を寝かせながら背から体の半分程度まで数か所切り目を入れる。
2 にんにくは粗みじん切りにし、赤唐辛子は種を取って小口切りにする。しし唐辛子は1.5cm 幅の輪切りにする。
3 フライパンにオリーブオイル、にんにく、赤唐辛子を入れて中火かける。香りが立ってきたら海老としし唐辛子を加え、さっと炒めて塩で味を調える。
4 皿にクスクスと3を盛りつけ、にんじんのピュレソースを添える。

白身魚のソテー
× ほうれん草のピュレソース
recipe → p.103

ほうれん草のピュレソース

どちらかというと肉よりも魚介類や野菜との相性がよいソースです。ほうれん草とわさびの組み合わせはフレンチの巨匠、ジョエル・ロブションのアイディア。ほうれん草は塩味を感じやすい食材なので、塩加減は控えめに。

材料 (2 人分)
ほうれん草　100g
オリーブオイル　大さじ1
牛乳　100ml
練りわさび　小さじ1弱
塩　小さじ⅛

1 ほうれん草は根を切り落とす。鍋に湯を沸かし、やわらかくなるまで茹でて冷水に取る。
2 水気を絞ったほうれん草、オリーブオイル、牛乳、練りわさび、塩をミキサーに入れ、なめらかになるまで撹拌する。

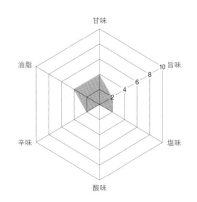

白身魚のソテー

材料 (2 人分)
白身魚 (切り身。カレイ、鯛、鱈など)　2枚
塩　適量
オリーブオイル　大さじ 2
アンチョビ　1枚
白ワイン　50ml
水　100ml
バターライス　適量 (→ p.111)
茹でほうれん草　適宜
ほうれん草のピュレソース　適量

1 白身魚は塩を軽くふり、15分以上置く。
2 フライパンにオリーブオイル大さじ1を引き、中火にかける。白身魚を入れ、ペーパータオルで出てきた脂をふきながら両面を焼く。
3 しっとりと魚に火が通ってきたらアンチョビ、白ワイン、水を加え、魚に煮汁をスプーンでかけながら火を通す。
4 オリーブオイル大さじ1を加え、火を止め、鍋を揺すって乳化させる。
5 皿にバターライスと4を盛りつけ、好みで茹でほうれん草適量を添え、周りにほうれん草のピュレソースを流す。

半熟卵とチーズバゲット

材料 (2 人分)
卵　2個 (常温に戻す)
バゲット (スライス)　2枚
パルミジャーノ・レッジャーノ　適量
ほうれん草のピュレソース　適量
一味唐辛子　適量
バルサミコ酢　適量

1 鍋に湯を沸かしたら弱火にし、卵を入れて5分30秒茹でる。冷水に取って殻をむく。
2 バゲットはトーストし、削ったパルミジャーノ・レッジャーノをのせる。
3 皿にほうれん草のピュレソースを敷き、中心に1の半熟卵を置く。卵に一味唐辛子をふり、バルサミコ酢を垂らし、チーズバゲットを添える。

キャベツのピュレソース

キャベツと豚肉といえば中華料理で定番の組み合わせで
すが、キャベツをピュレソースにするとモダンな印象に変
わります。黒酢風ソースを絡めた豚肩ロース肉や黒オリー
ブ入り玄米バターライスは単体で食べてもおいしいので
すが、キャベツのピュレソースが全体をひとつにまとめま
す。これもソースの魔法です。

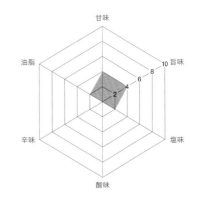

材料 (作りやすい分量)

キャベツ　150g
玉ねぎ　¼個
オリーブオイル　大さじ1
冷やご飯　30g
水　50ml
牛乳　50ml
顆粒鶏ガラスープ　小さじ1/4
塩　小さじ¼

1 キャベツはざく切りにし、玉ねぎは薄切りにする。
2 1、オリーブオイル、冷やご飯、水を鍋に入れ、中
　火にかける。蓋をして湯気が出てきたら弱火に
　し、7〜8分煮る。
3 2、牛乳、顆粒鶏ガラスープ、塩をミキサーに入
　れ、なめらかになるまで撹拌する。

キャベツのソテー

材料 (2人分)

キャベツ　2枚
オリーブオイル　小さじ1
きゅうりのピクルス　適宜
塩　ひとつまみ

1 キャベツは太めのせん切りにする。
2 フライパンにオリーブオイルを引いて中火にか
　け、キャベツを炒める。しんなりとしたら火を
　止め、好みでみじん切りにしたきゅうりのピク
　ルス適量と塩を加えて味を調える。

豚肩ロース肉の黒酢風

材料 (2人分)

豚肩ロース肉 (ポークソテー用)
　2枚 (1枚 180g・厚さ2cm)
塩　適量 (肉の重量の0.8%)
黒胡椒　適量
オリーブオイル　適量
醤油　大さじ2
砂糖　大さじ2
酒　大さじ3
黒酢　大さじ4
コーンスターチ (または葛粉)　小さじ1
キャベツのピュレソース　適量
黒オリーブ入り玄米バターライス　適量 (→ p.111)
キャベツのソテー　全量

1 醤油、砂糖、酒、黒酢を鍋に入れ、中火にかける。
　沸騰したら弱火にし、同量の水 (分量外) で溶い
　たコーンスターチを加えてとろみをつける。
2 冷蔵庫から出したての豚肉に塩と黒胡椒をふ
　る。中火にかけたフライパンにオリーブオイル
　を引き、豚肉を入れて焼く。4分ほどしたら裏返
　し、2分焼いたら火を止め、そのまま5分ほど余
　熱で火を通し、1に加えてソースを絡める。
3 皿にキャベツのピュレソースを敷き、その上に
　黒オリーブ入り玄米バターライス、キャベツのソ
　テーをのせ、ひと口大に切った豚肉を盛りつける。

鶏むね肉のピカタ
× ミニトマトのピュレソース
recipe → p.108

ミニトマトのピュレソース

いわゆるトマトソースですが、味の濃いミニトマトを使うのがポイント。加熱時間が大幅に短縮できます。ミキサーにかけたあと、皮が気になるようであれば濾してください（ちなみに写真は濾していません）。ですが、皮もおいしさのうちなので最初にむくのは避けたいところ。焼き魚、鶏肉や豚肉との相性がよいソースで、好みでにんにくを加えても。

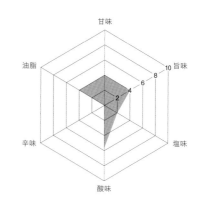

材料 (2人分)
ミニトマト　160g
オリーブオイル　大さじ1
水　50ml
牛乳　50ml
冷やご飯　40g
塩　小さじ¼

1 ミニトマトはヘタを取り、半分に切る。
2 1とオリーブオイルを鍋に入れ、中火にかける。蓋をしてパチパチと音がしてきたら弱火にし、3分ほど炒める。
3 水、牛乳、冷やご飯、塩を加えて1分ほど煮たら、ミキサーに入れてなめらかになるまで撹拌する。

鶏むね肉のピカタ

材料 (2人分)
鶏むね肉　½枚 (120g)
塩　適量
小麦粉　適量
溶き卵　1個分
オリーブオイル　小さじ2
ミニトマトのピュレソース　適量
バターライス　適量 (→ p.111)
パセリのみじん切り　適量

1 鶏肉は皮を取り、4枚のそぎ切りにする。塩をふり、小麦粉をまぶして、溶き卵にくぐらせる。
2 フライパンにオリーブオイルを引き、中弱火にかける。鶏肉を入れ、両面に焦げ目がつくまで焼く。
3 皿に盛りつけ、ミニトマトのピュレソースとバターライスを添え、パセリのみじん切りをバターライスにふる。

ミニトマトのスープ

材料 (2人分)
ミニトマトのピュレソース　全量
牛乳　100ml
塩　小さじ⅛
パン (スライス)　4枚
溶けるチーズ　4枚

1 ミニトマトのピュレソース、牛乳、塩を小鍋に入れ、温める。
2 パンにチーズを2枚挟み、フライパンで両面を焼く。
3 皿にスープを注ぎ、チーズトーストを添える。

ポテトフライ

材料 (作りやすい分量)
じゃがいも (メークイン)、サラダ油、塩　各適量

1 じゃがいもは洗って水気をよくふき、皮ごと6
　 〜8等分のくし形切りにする。
2 鍋にじゃがいもを入れ、ひたひたになる程度の
　 サラダ油を注ぐ。
3 中火にかけ、泡が出てきたら極弱火にしてその
　 まま静かに揚げる。
4 竹串がすっと刺さるように火が通ったら、強火に
　 して表面をカリッと揚げる。油をきり、塩をふる。

バター蒸し野菜

材料 (作りやすい分量)
野菜*、バター、水、塩、白胡椒　各適量
* かぶ、さやいんげん、スナップエンドウ、にんじん、
　 カリフラワー、ブロッコリー、ヤングコーンなど。

1 野菜を切る。かぶは茎を1cmほど残して6等分
　 のくし形に切り、厚めに皮をむく。水に浸しな
　 がら竹串などで茎の間にある土を落とす。さや
　 いんげんはヘタを切り落とし、スナップえんど
　 うは筋を取る。にんじんは5cm長さの拍子木切
　 りにする。カリフラワーとブロッコリーは食べ
　 やすく、小房に分ける。
2 鍋に野菜、バター、水各適量を入れ、蓋をして中
　 火にかける。湯気が出てきたら弱火にし、やわ
　 らかくなるまで蒸し煮にする。まだかたい場合
　 は、水を適宜足して加熱する。
3 塩と白胡椒で味を調える。ソースと一緒に食べ
　 るので、味つけは軽めにするとよい。

ミニトマトのロースト

材料 (作りやすい分量)
ミニトマト、オリーブオイル　各適量

ミニトマトはオリーブオイルを回しかけ、皮が弾
けるまでオーブントースターで焼く。

リゾット

材料 (2人分)
米　75g
玉ねぎのみじん切り　¼個分
オリーブオイル　大さじ2
顆粒鶏ガラスープ　小さじ½
パルミジャーノ・レッジャーノ　20g

1　玉ねぎのみじん切りとオリーブオイルを鍋に入れ、中火にかける。泡立ってきたら弱火にし、2分ほど炒める。
2　米は洗わずに1に加え、さらに1分ほど炒める。
3　顆粒鶏ガラスープと水400ml（分量外）を加え、中火にする。沸いてきたら弱火にしてかき混ぜ、15分ほど加熱する。
4　火を止め、削ったパルミジャーノ・レッジャーノを加えて混ぜる。

バターライス

材料 (作りやすい分量)
米　2合
玉ねぎのみじん切り　¼個分
バター　15g
顆粒鶏ガラスープ　小さじ¼
塩　小さじ⅛
黒胡椒　適量

1　米は洗い、ザルに上げて30分ほど置く。
2　フライパンに玉ねぎのみじん切りとバターを入れて中火にかけ、色づかないように炒める。
3　炊飯器に1の米、2、顆粒鶏ガラスープ、塩、黒胡椒を入れ、内釜の目盛りを参考に水（分量外）を加え、普通モードで炊く。

黒オリーブ入り
玄米バターライス

材料 (作りやすい分量)
玄米　2合
玉ねぎのみじん切り　¼個分
バター　15g
顆粒鶏ガラスープ　小さじ¼
塩　小さじ⅛
白胡椒　適量
黒オリーブの粗みじん切り　50g

1　玄米は洗ってひたひたの水に浸透させ、冷蔵庫に17時間以上置く。
2　フライパンに玉ねぎのみじん切りとバターを入れて中火にかけ、色づかないように炒める。
3　鍋に水気をきった玄米、2、水520ml（分量外）、顆粒鶏ガラスープ、塩、白胡椒を入れ、蓋をして中火にかける。沸いてきたら弱火にして30分ほど炊き、火を止めてそのまま10分蒸らす。
4　蒸し終わったら、黒オリーブの粗みじん切りを加えて混ぜる。

樋口直哉　Naoya Higuchi

作家・料理家。1981 年生まれ。服部栄養専門学校卒業後、料理教室勤務や出張料理人などを経て、2005 年『さよならアメリカ』で群像新人文学賞を受賞し、デビュー。同作は芥川賞候補になる。作家として作品を発表する一方、全国の食品メーカー、生産現場の取材記事を執筆。料理家としても活動し、地域食材を活用したメニュー開発なども手掛ける。『ぼくのおいしいは 3 でつくる─新しい献立の手引き』（辰巳出版）、『もっとおいしく作れたら』（マガジンハウス）、『どんな肉も最高においしくなる。低温調理の「肉の教科書」』（グラフィック社）など著書多数。

写真　伊藤徹也
デザイン　米持洋介（case）
スタイリング　中里真理子
編集　小池洋子（グラフィック社）

樋口直哉の
あたらしいソース

いつもの料理が劇的においしくなる

2023 年 3 月 25 日　初版第 1 刷発行

著者　　　樋口直哉
発行者　　西川正伸
発行所　　株式会社グラフィック社
　　　　　〒 102-0073
　　　　　東京都千代田区九段北 1-14-17
　　　　　tel.　　　03-3263-4318（代表）
　　　　　　　　　　03-3263-4579（編集）
　　　　　郵便振替　00130-6-114345
　　　　　http://www.graphicsha.co.jp

印刷・製本　図書印刷株式会社